DE LA RESTAURATION

DE LA

MUSIQUE RELIGIEUSE

LETTRE

À LEURS EXCELLENCES MM. J. BAROCHE ET V. DURUY, MINISTRES
DE LA JUSTICE, DES CULTES ET DE L'INSTRUCTION PUBLIQUE.

Par M. Justin FÈVRE.

PARIS

VICTOR PALMÉ, LIBRAIRE-ÉDITEUR

22, Rue Saint-Sulpice, 22

1864.

DE LA RESTAURATION

DE LA

MUSIQUE RELIGIEUSE

CHAUMONT. — IMPRIMERIE ET LITHOGRAPHIE DE C. CAVANIOL.

DE LA RESTAURATION

DE LA

MUSIQUE RELIGIEUSE

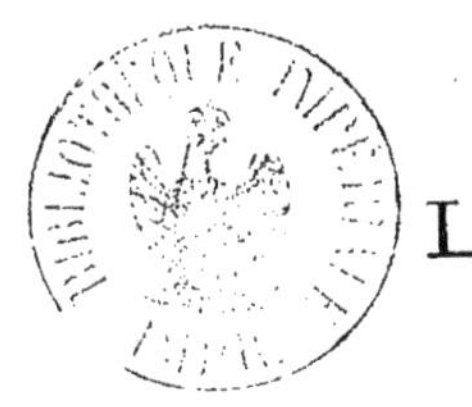

LETTRE

A LEURS EXCELLENCES MM. J. BAROCHE ET V. DURUY, MINISTRES

DE LA JUSTICE, DES CULTES ET DE L'INSTRUCTION PUBLIQUE.

Par M. Justin FÈVRE.

PARIS

VICTOR PALMÉ, LIBRAIRE-ÉDITEUR

22, Rue Saint-Sulpice, 22

1864.

(24)

DE LA RESTAURATION

DE LA

MUSIQUE RELIGIEUSE

Louze, ce 7 octobre 1863.

Messieurs les Ministres,

La décadence de la musique religieuse est un fait hors de conteste. Depuis Portalis qui est pour tout ministre des cultes et de l'instruction publique, comme le patron de la grandeur, Bigot de Préameneu, Girod de l'Ain, Rouland, suivant l'intelligence de leur zèle, ou plutôt suivant l'étendue de leurs ressources, ont cherché à nous relever de cette humiliation. Soit que l'insuffisance des ressources ait été trop profonde, soit que les causes du mal aient été trop puissantes, non-seulement le mouvement de décadence n'a pas été arrêté sur sa pente, mais il n'a guère qu'accéléré sa vitesse. Des vœux qu'on eût dû prendre pour des lois, n'ont point été entendus; des mesures qu'on croyait décisives, n'ont point tenu leurs promesses; des institutions qui devaient être comme la pierre d'attente d'une restauration, restent à peine comme une espérance. Déjà à quelque vingt ans dans l'avenir, l'homme instruit de l'exacte situation de la musique religieuse, peut entrevoir l'heure où sa lente agonie sera devenue l'équivalent de la mort.

Ce qui ajoute à la tristesse de cette perspective, c'est que le trépas de la musique religieuse entraîne la ruine, ou du moins la décadence de l'art musical. De tout temps, les humbles maîtrises de nos cathédrales

1

ont été des pépinières de maîtres : c'est parmi leurs élèves que se sont faites les plus belles moissons de la gloire. Si donc l'art cesse d'exister à l'église, il s'affaiblira progressivement en France. Par un de ces affaissements que causent les mœurs, sans les justifier, nous perdrons les traditions de la musique ; nous en viendrons à ces mélodies lâches, à ces méprisables harmonies que l'engouement ignare ou frivole des contemporains voue plus cruellement à la vindicte de l'histoire.

Une telle situation appelle autre chose que des palliatifs : à un grand mal il est besoin de remèdes énergiques. Mais pour en résoudre le choix et en déterminer l'application, il faut partir de principes inébranlables. Ces principes nous venons les indiquer ; les conséquences qu'ils impliquent, nous essaierons de les déduire ; les espérances qui peuvent s'y rattacher, nous pourrons les entrevoir. Ces espérances, ces projets d'application, ces données de principes fixes, nous les présentons comme un sûr moyen de restaurer la musique religieuse.

Sous un gouvernement soucieux de relever tout ce qui tombe et de créer tout ce qui répond à de nobles désirs, il a paru, Messieurs les Ministres, qu'il y aûrait quelqu'utilité d'attirer sur ce sujet l'attention de Vos Excellences. La restauration de la musique religieuse avait été un des soucis de Napoléon. Napoléon ne put exécuter son pieux dessein, distrait qu'il fut par l'élaboration du Code, par l'entraînement fastique de la guerre, et par la brusque interruption de sa destinée. Aujourd'hui ce dessein doit recevoir son entier achèvement. La vocation providentielle de la ivme dynastie se définit et se consolide dans les travaux de la paix. Le plus bel ornement de la paix, c'est la joie, et le signe le plus démonstratif de la joie, ce n'est pas *la poule au pot,* mais la mélodie. Plaise donc à Dieu que par un acte décisif et facile, vous arrêtiez, Messieurs les Ministres, la décadence de notre musique religieuse, et posiez d'un œil sagace et d'une main ferme, le principe efficace de sa restauration. C'est le vœu de tous les chrétiens sincères et de tous les bons citoyens.

Nous allons en essayer la démonstration.

I.

Il faut dire d'abord ce qu'est la musique.

La musique est un langage inarticulé qui sert à exprimer des idées ou des sentiments que le langage articulé serait impuissant à traduire.

L'homme qui rentre en lui-même avec une certaine puissance de réflexion, découvre dans son âme, une foule de grandes choses, que les mots ne peuvent qu'imparfaitement rendre. L'écrivain qui voit s'ajouter, à la clairvoyance de la réflexion, les entraînements de l'inspiration et les enchantements de l'idéal, contemple des merveilles que toutes les richesses des langues ne peuvent interpréter. Sans même rentrer en soi-même et sans s'élever sur les hauteurs, combien de fois, dans la vie, de magnifiques impatiences, des accidents heureux ou funestes, n'éveillent-ils pas des émotions si profondes et si délicates, qu'un cri d'allégresse ou un gémissement de deuil réussissent seuls à les produire. Un son triomphant ou plaintif, cela ne remplace-t-il pas avantageusement de longs discours ?

Les langues, dans leur constructions philologiques, tiennent compte des moyens d'expression que fournit le langage inarticulé. La grammaire de tous les peuples parle du subtantif, de l'adjectif, du verbe ; mais elle sait trop bien que le subtantif n'exprime souvent que l'apparence des choses, que l'adjectif ne fait qu'analyser péniblement ses qualités, que le verbe avec ses combinaisons si variées, n'indique que superficiellement ses rapports. Aussi, dans sa sagesse intuitive, elle se rempare toujours de l'interjection. L'exclamation, le cri de joie ou de douleur, voilà le dernier effort de sa puissance, le trait d'union nécessaire entre la langue articulé eet la langue qui parle sans articulation (1).

Ainsi, par-delà les ressources du langage parlé, il y a un langage chanté, une suite de sons qui s'appellent et qui par leur émission instinctive, leur agencement combiné, leurs rapprochements ou leurs distances rendent les choses mystérieuses de l'âme, ses impressions plus profondes, ses plus sublimes impressions. — Ce langage inarticulé, c'est la musique.

La musique, comme on le voit, a un vaste champ d'exploitation. Au ciel et sur la terre, tout ce qui est propre à produire sur l'homme une impression inexprimable par la parole, entre par ce côté dans le do-

(1) Les grands esprits qui se sont occupé de linguistique ont basé sur ce principe le beau projet d'une langue universelle.

maine de la musique. La juridiction de cet art embrasse ainsi, dans leurs rapports harmonieux, la nature, l'homme et Dieu. C'est un point qu'il faut bien entendre.

La grande nature avec ses horizons de lumière, l'oiseau qui chante sous la verdure, la cigale qui agite ses ailes métalliques, le flot qui murmure, la feuille qui bruit, le vent qui passe, l'astre qui roule dans les sphères de l'azur ; l'aurore avec ses roses, le jour avec son éclat, la nuit avec ses obscurités ; la campagne que parcourent le laboureur, le chasseur et le berger, la prairie qui se couronne de fleurs, le bois que tourmente la tempête, le désert même avec son grand silence : tout cela a une voix. La nature donne un perpétuel concert. Le cœur y répond par des élans de sympathies. Le poète ému prend sa lyre et chante. Il chante (remarquez ce mot) avec le rhythme du vers et l'harmonie de l'inspiration. Ce que chante le poète avec ses vers, le musicien le chante avec ses mélodies. Par la puissance de transformation qui est le propre du génie créateur, il traduit en descriptions, en idylles, en odes musicales, le magnifique concert de la création. Tous les chants des êtres se retrouvent dans ses chants. Sa voix en a les magnificences et un organe intelligent résume, pour la joie de la terre et l'honneur du ciel, le grand hymne de la nature.

Si la nature inintelligente a ses chants, combien plus l'âme de l'homme. L'homme est rarement insensible et égal d'humeur. Sans cesse actif au dedans, sans cesse passif par le dehors, il subit sans cesse les impressions des hommes qui l'entourent et sans cesse travaille à produire l'expression vivante des merveilles cachées dans les profonduers de son âme. Les douceurs du repos et l'enthousiasme du travail, la lumière de la vérité et les ténèbres de l'erreur, la joie de l'innocence et la tristesse du repentir, la gravité de la justice et les fureurs de la violence, le doux épanchement de le charité et le fiel concentré de la haine, le dictame de l'amitié et les enivrements de l'amour : tout céla a une voix dans son cœur. Le poète chante ces passions, le musicien les chante avec le poète. La musique aussi a ses tragédies, ses comédies, ses drames, ses grandes compositions qui reproduisent dans le monde flottant de l'harmonie les grandes scènes de l'existence. Le spectateur qui assiste à ces représentations entend le chant jusque là inouï de ses idées et de ses émotions. La musique intérieure de son âme, dont il n'avait qu'à peine conscience, se révèle à lui par l'inspiration de l'artiste. Voix de la conscience et de la raison, voix de l'imagination et de la sensibilité, voix de l'allégresse et de la douleur, pleurs amers et accents extatiques, doux sacrifices, jouissances délicieuses, déchirantes séparations, c'est vous qui trouvez dans la mélodie une expression, dans l'harmonie une mise en scène, dans la musique le dernier effort de l'art pour parler à l'homme ici-bas de ses misères et de ses grandeurs.

Mais le grand thème de la musique, c'est Dieu. Dieu est le tout de la nature, Dieu est le tout de l'homme, et par de là tous les êtres créés Dieu s'élève dans sa douce et sévère majesté. La nature doit le célébrer, l'âme doit l'adorer. La musique, interprète éloquent de la nature et de l'âme, doit donc porter à Dieu l'hommage du monde et des hommes ; elle doit payer à ce grand Etre, par ses efforts les plus sublimes, le tribut de justice dû au Maître souverain. L'adoration, la gratitude, la suave prière, le confiant repentir viennent implorer son appui. L'homme sait ce qu'il doit à Dieu, mais il ne sait comment le lui offrir. Un esprit d'en haut le demande dans son âme par des chant joyeux et d'inénarrables gémissements. La musique entend ces demandes et les traduit en psaumes, en motets, en litanies, en hymnes. Chants merveilleux que l'enfant bégaie avec bonheur, que le vieillard ne peut entendre sans soupirer, et que la voix attristée du prêtre répandra sur notre tombe comme l'expression suprême du regret de nos frères et de nos dernières epérances.

Ainsi, la musique, langage inarticulé, son qui n'a rien de matériel, cri sublime de la nature et de l'âme vers Dieu, la musique est l'art spirituel, par excellence, le chant religieux par sa nature et sa destination.

II

L'homme abuse de tout; les meilleures choses, lorsqu'il s'égare, sont celles qu'il voue aux plus vils usages. La musique, cet art si relevé, a subi, elle aussi, des dégradations proportionnées à ses excellences. Il y avait dans la nature des émanations de mollesse et d'énervement : la musique les a chantées. Il y avait dans l'homme des penchants misérables qui, par une pente insensible, conduisent à l'infamie : la musique les a chantés. Détournée à des emplois bas, la musique, comme un ange privé d'ailes, n'a plus su s'élever vers Dieu. L'art le plus délicat est devenu l'aliment subtil des plus grossières passions. L'impiété, le libertinage se sont présentés comme source d'inspiration de cet art dégradé. En sorte qu'après avoir salué les grandeurs de la musique, nous devons, par équité, flétrir ses plus funestes abaissements.

Dès lors une séparation devenait nécessaire ; il devait s'effectuer une distinction inconciliable, une séparation radicale, entre la musique religieuse et la musique profane, entre la musique croyante et la musique impie, entre la musique pieuse et la musique indévote, entre la musique noble et la musique infâme.

Cette séparation, que le bon sens eût conseillée, dut se faire, sous la pression de grands événements. Dieu n'est pas resté sur le trône d'une éternité silencieuse. Au commencement des temps, il créait le ciel et la terre ; dans leur plénitude, il effectuait, par l'Homme-Dieu, l'œuvre de la rédemption ; à la fin il rendra son jugement, il ouvrira le paradis et l'enfer. Adam et l'Eden primitif ; Moïse et ses cantiques ; David et ses psaumes ; Isaïe et les promesses ; Jérémie et les lamentations ; Ezéchiel et ses foudres ; Jésus-Christ à Bethléem, à Nazareth, à Gethsémani et au Calvaire ; l'Eglise avec sa prédication, son autel, son ministère, ses pontifes, ses martyrs, ses confesseurs ; le passé avec ses grandeurs ; l'avenir avec ses incertitudes et ses assurances, sont autant de faits inspirateurs d'une surnaturelle harmonie. La muse antique pouvait chanter les combats d'Aristomène d'Egine et les chars de Syracuse. La muse moderne peut chanter, si elle le trouve bon, les insignifiances et même les lâchetés de la vie. La muse des mélodies, chrétiennes ne doit plus désormais s'inspirer, que de la nature régénérée, des grâces qui la transforment, des événements et des institutions qui lui en appliquent le bénéfice. C'est là son thème obligé.

Le cadre qui s'ouvre à ses inspirations est naturellement défini par le cercle des révélations divines et des institutions catholiques.

L'ensemble des dogmes, l'enchaînement profond des mystères, voilà le premier motif de la musique religieuse. Dieu, réalité infinie et source intarissable du vrai, du beau et du bien ; Dieu déposant sur l'homme, comme un signe, la lumière de sa face et épanchant sur toute créature les rayons de sa beauté ; Dieu créant par sa volonté, sa sagesse et sa puissance, gouvernant par sa Providence, rappelant tout à lui par la prédestination et le jugement ; Dieu resplendissant par l'incomparable éclat de ses attributs de toute éternité et dans tous les siècles ; — le Verbe de Dieu, que saint Paul appelle *splendeur de la gloire du Père, et figure de sa substance,* que Salomon définit *la vapeur de la vertu de Dieu et l'effusion toute pure de la clarté du Tout-Puissant, l'éclat de la lumière éternelle, le miroir sans tache de la Majesté de Dieu et l'image de sa bonté :* expressions où le Beau s'est défini lui-même d'une manière souveraine ; — l'Esprit-Saint, amour dans la Sainte Trinité et lumière pour le monde ; — Jésus-Christ, c'est-à-dire le Verbe descendu jusqu'à l'humanité et l'humanité relevée jusqu'au Verbe ; — par suite toutes les profondeurs de la déchéance et toutes les sublimités correspondantes de la Rédemption, le pleur immense et effroyablement lamentable de l'homme humilié par le péché, le chant triomphal de l'homme racheté qui connaît son Dieu, qui l'aime, qui l'adore, qui porte au cœur l'éternelle, glorieuse et mélancolique blessure de l'adoration et de l'amour : qui nous dira tout ce que le musique religieuse doit trouver, dans cet océan du dogme, d'inspiration sublime, de poésie ineffable, de chants empruntés aux cantiques des bienheureux et à la harpe des anges.

L'ensemble des préceptes religieux, des commandements et des conseils divins est un second motif de mélodie. Quoi ! dira-t-on, la musique va puiser ses inspirations dans les préceptes du Décalogue et dans les conseils de l'Evangile ? Mais la loi, c'est la contrainte, la chaîne, le contraire de l'inspiration qui n'admet ni restriction, ni entrave, mais qui veut agir suivant les caprices de la fantaisie et le vol fugitif de ses cantilènes. C'est parce que la loi est la contrainte qu'elle est l'expression et la garantie de l'ordre, partant la source de l'harmonie. L'homme est un abîme de contradiction. Dans sa nature désorganisée par la révolte, il n'y a point d'ordre, mais seulement l'ombre de la mort et une éternelle horreur. Dans la tristesse de sa condition, l'homme ne peut que se désespérer ou s'étourdir. La loi divine qui vient le prendre dans sa misère, le délivre, par le mérite de l'obéissance et les luttes de la vertu de la discorde de ses facultés et de l'abjection de ses sens. Plus il s'y assujettit, plus il s'ennoblit, plus il retrouve l'harmonie primitive de sa nature et le bienfait de la grâce. En restant, suivant la mesure de sa fidélité, dans cet état de perfection, il trouve la paix, la joie de la conscience, et par une ascension progressive, les doux épanchements de l'allégresse. L'homme n'a de bonheur qu'en proportion de ses sacrifices et, il n'est ouvert à l'inspiration, musicale ou autre, qu'en proportion de son bonheur. Aussi, dans le céleste séjour, dans la joie de la vision divine, il y a un chant perpétuel. La musique religieuse, pour être fidèle à ses lois, doit donc chanter les lois de Dieu. Ces lois sont le plus sûr principe de ses inspirations, pour autant que l'inspiration peut avoir de principes, et c'est à leur observation qu'elle doit ramener les dispositions et les conseils que suggère naturellement l'éloquence de ses symphonies. Tout ce qui ne procède pas de là et tout ce qui n'y ramène pas, en musique comme en tout, est dérogation, contradiction, hérésie.

La morale ouvre à la musique une autre source de mélodie. L'homme, séduit par le charme trompeur du plaisir, se soustrait volontiers au noble joug du devoir. Créature déchue, plus il refuse la grâce qui le relève de sa déchéance, plus il aggrave en lui le désordre primitif. Si dégradé qu'il soit pas ses fautes, il se sait du reste tellement fait pour le bonheur et il sent si vivement le besoin de la rédemption, qu'il ne peut ni s'accommoder de sa dégradation, ni s'en relever par ses propres forces. Tombé au-dessous de lui-même, il soupire, se lamente sur sa dignité perdue et son avilissement consommé. Néron, qui tua sa mère, ne put s'absoudre de son parricide; suivant le degré de notre délicatesse morale, nous avons tous des fautes dont nous ne pouvons nous absoudre. Les plus purs sont les plus délicats; ceux qui pourraient à meilleur titre se féliciter, sont les plus ardents à s'accuser. Le souvenir de leurs misères reste comme un remords vainqueur ou comme une immortelle mélancolie. Sous l'impression du repentir, nous crions donc vers Dieu: *De profundis clamavi ad te, Domine.* Voilà le cri de l'âme et le plus tendre accent de la mélodie. Dans l'état d'innocence, nous avons des sujets de joie, mais notre innocence est tellement fragile que nous savons rarement nous réjouir. Ce que l'homme sait le mieux faire, c'est pleurer. Aussi le chants les plus sympathiques sont-ils ceux qui déplorent le malheur ou qui s'inspirent de l'espérance. Or le malheur n'est jamais plus grand que quand l'âme a perdu la grâce, et l'espérance n'est jamais mieux fondée que quand elle se réclame de la miséricorde. De là, disons-nous, une source vive de mélodie ouverte par la loi divine.

Si le beau et le bien, splendeurs du vrai, se trouvent dans les dogmes et dans la morale, il faut convenir que leur manifestation plus sensible se trouve surtout dans le culte. C'est dans le culte, dans les édifices, dans les prières, dans les cérémonies qu'éclate ce beau biblique et évangélique dont tous nos arts sont imprégnés et qui semble né du génie et de la vertu.

Chose admirable! dans le culte catholique, qui repose uniquement sur l'adoration en esprit et en vérité, il n'y a pas une cérémonie qui n'appelle la musique. La Messe, les Vêpres, le Chapelet, la simple prière, dès qu'elle a un caractère de publicité, veut le condiment de l'harmonie. L'âme catholique est musicienne; *Christus musicus,* dit un vieil auteur. Cette église à aspect si sombre, vue par les dehors, avec son architecture grandiose, sa brillante ornementation, son symbolisme tout rempli d'enseignements, elle a ses assemblées et ses fêtes.

Ces jours-là sont les jours de Dieu et de la mélodie. Dès la veille, les cloches les annoncent avec une joyeuse allégresse. Toute la matinée est consacrée à d'agréables préparatifs. A l'heure habituelle, la cloche renouvelle ses exhortations avec un surcroît de zèle. Les chemins se couvrent d'une multitude ornée de ses plus beaux habits, s'avançant vers l'église; tous les âges y apparaissent avec leurs espérances et leurs peines, pour raviver les unes et adoucir les autres dans une prière commune. Une joie fraternelle anime les yeux qui se rencontrent ; le serviteur est plus proche de son maître, le pauvre est moins éloigné du riche, et tous se sentent intimement les fils du même père. On entre ; l'orgue vous salue de ses pieuses harmonies; des voix bien aimées se mêlent aux sons du grave instrument. Le sacrifice est offert. L'encens fume dans le temple, les lumières brillent sur l'autel. Les beaux vases, les riches broderies, les candelabres, les lampes d'argent, la symétrie des fleurs, la blancheur des aubes, l'éclat des ornements, toutes les magnificences de la terre s'offrent aux regards éblouis et pénètrent les cœurs. Le Ciel répond à ces avances. Quand tous les fronts s'inclinent, quand les chœurs se renvoient leurs chants, quand de jeunes lévites, petits anges de la famille, se partagent en groupe pour exécuter les génuflexions, les prostrations, les encensements de la liturgie, quand le prêtre prononce les solennelles paroles ; alors les cieux s'abaissent, alors se révèlent le Saint des Saints, l'autel de l'Agneau, les vingt-quatre Vieillards jetant des couronnes, les sept Esprits de la prière, les sept Eglises primitives, tous les mystères de la céleste Jérusalem.

Ce qu'il faut voir dans le culte, c'est moins le côté *extérieur* des cérémonies que leur côté mystique et leur rapport intime avec l'âme. Dieu est en Jésus-Christ et Jésus-Christ est, avec la Vierge, les Anges et les Saints, dans nos sacrés mystères. L'art antique avait entrevu le beau idéal; l'art catholique exige le beau céleste et il en fournit des modèles en tous genres. Ses vieillards, ses enfants, ses jeunes gens, ses vierges, ses saintes femmes sont des êtres merveilleux qui semblent appeler l'inspiration et défier le génie. Une beauté mâle dans sa fleur respire sur la figure des Anges; de leurs lèvres, de leurs mains, de leurs ailes s'échappent des torrents d'harmonie. Toutefois, les Anges et les Saints ne sont que des degrés qui doivent élever l'art jusqu'à l'Homme-Dieu et à la Vierge-Mère. Voyez-vous cet Enfant divin qui demande du lait, cette Parole éternelle qui balbutie dans son berceau, ce Christ qui se rapetisse pour nous en voilant sa grandeur, sans l'éclipser. Voyez-vous cette Vierge, sainte comme le Christ qui a pris en elle notre nature pour la régénérer. « Telle qu'une fleur aérienne, elle flotte au milieu d'une limpide lumière qui semble, en la révélant, la voiler encore. Un parfum exquis d'innocence s'exhale d'elle et l'enveloppe comme un vêtement. Sur son front serein, et où cependant apparaît déjà le germe d'une douleur immense pressentie et pleinement acceptée, sur ses lèvres qui sourient à l'Enfant divin, dans son regard virginal et maternel, dans la pureté de ses traits pleins d'une grâce céleste, on reconnaît tout ensemble et la simple naïveté de la fille des hommes, et l'auguste et l'ineffable sainteté de celle en qui le Verbe éternel s'est incarné pour le salut du monde. Voilà la femme selon le Christianisme, la seconde Eve réparatrice de l'humanité ruinée par la première ; et lorsqu'après une vie cachée, on la revoit au pied de la croix sur laquelle se consomme le volontaire sacrifice de son Fils, lorsqu'elle est là défaillante sous le poids de ses inénarrables angoisses, et toutefois recevant de la main du Père le calice d'amertume et l'épuisant jusqu'à la lie, sans proférer une plainte : quelle distance de la Mère du Christ à l'antique Niobé (1) ! »

Et si, après avoir contemplé la grandeur de nos mystères, la pureté de nos lois, le drame divin de nos cérémonies, vous descendez dans l'âme qui y prend part, quelle contemplation ! L'âme est un théâtre de combats et de sacrifices où la destinée humaine s'agite entre les séductions de la nature et les attraits de la grâce ; où elle se balance entre des abîmes éternels de ténèbres ou de gloire, de damnation ou de salut. Naturellement l'âme serait vaincue par les infirmités de la chair, la fascination des frivolités mondaines et les tromperies des anges déchus ; surnaturellement, l'âme doit triompher de tous ses ennemis. Ce qui se décide, dans nos cérémonies sacrées, c'est l'issue définitive de sa victoire. L'âme est là, palpitante, sous le patronage des anges et des saints, sous l'œil de la Vierge et de Jésus, refoulant les instincts bas, pour s'élever sur l'aile de la prière et puiser dans le sein de Dieu, la grâce qui opère les transformations mystérieuses. Le Ciel et l'Enfer, le Christ et Satan s'en disputent la possession. Drame vivant, qui se renouvelle sans cesse, qui résonne avec des retentissements solennels dans les profondeurs de la conscience, et qui doit nécessairement et alternativement se traduire par les sons lugubres du *Miserere* ou les accents victorieux du *Te Deum*.

Et ce qui ajoute au grandiose du drame, c'est que la destinée indivi-

(1) Lamennais, *Esquisse d'une philosophie*, t. III, p. 223.

A quel signes se reconnaît donc la musique religieuse.

La musique religieuse se reconnaît à des caractères qui la distinguent de toute autre musique. On les divise en trois classes : caractères de *convenance*, caractère d'*autorité* et caractères de *distinction*. .

Les caractères de *convenance* se prennent de l'origine et du but de la musique religieuse.

Quant à son origine, la musique vraiment religieuse ne peut pas et ne doit pas être l'œuvre d'un homme ou d'un peuple dont les idées et les mœurs soient à l'encontre de la vraie religion. Son berceau historique a été déposé par Dieu, à l'ombre de la Synagogue. Les peuples idolâtres et païens n'eurent que des chants insignifiants comme leurs symboles ou dégradés comme leur vie. Les peuples séparés de l'Eglise, nations païennes des temps évangéliques, n'ont gardé qu'un souffle amoindri d'inspiration. La musique religieuse doit procéder d'une inspiration religieuse et s'exprimer par un organe pur. Principe admirablement rendu par l'iconographie, lorsqu'elle nous représente l'Esprit-Saint, sous la forme d'un oiseau, reposé sur l'épaule de saint Grégoire et chantant à son oreille de célestes cantiques. Telle est l'origine de la musique religieuse : la sainteté pour interprète des inspirations du Ciel.

Quant à son but, elle doit porter toutes les âmes à la vertu et à la piété. Comme il est de l'essence de la musique mondaine de flatter les passions mauvaises, de même, il est de l'essence de la musique religieuse de les réprimer et d'éveiller seulement les saintes inspirations de l'âme. La musique religieuse est un acte d'adoration, de gratitude, de supplication fervente, comment oserait-elle offrir à Dieu l'hommage impur de pensées basses ou de misérables sentiments ?

Pour les détails d'application, elle doit être en rapport rigoureux avec le fond et la forme du culte. Exactement proportionnée aux exigences de l'office, particulièrement du sacrifice liturgique ; elle ne doit être ni prétentieuse, ni triviale, mais noble, simple, populaire, revêtue d'un caractère de sublimité et respirant ce parfum de suave poésie qui sied si bien aux relations intimes de l'âme avec Dieu.

Les caractères d'*autorité* se prennent de la mission de l'Eglise et des conditions qui accompagnent l'exercice de son ministère.

L'Eglise a reçu le dépôt sacré de la révélation et la mission de la propager dans tout l'univers. La révélation, qui lui a été confiée *entière* dès l'origine, elle l'explique, la développe, la définit suivant les nécessités des temps. Pour l'accomplissement de ce mandat elle est nécessairement revêtue de l'infaillibilité qui n'est, d'ailleurs, que l'autorité souveraine en matière de doctrines. Pour l'établissement de la révélation par le ministère apostolique, l'Eglise trouve son principe d'action dans la hiérarchie des Ordres sacrés. Quant aux détails liturgiques, par exemple pour le choix des formes des ornements sacerdotaux, de la prière et des mélodies qui en achèvent l'expression, elle ne peut pas nécessairement se prévaloir de son infaillibilité doctrinale, mais elle a, comme dérivation de cette infaillibilité, *des procédés de prudence et un tact de discernement* qui la distinguent au plus haut degré et qui étaient nécessaires pour le parfait accomplissement de sa mission. En matière de prudence son grand principe est de s'inspirer en tout de ses traditions, de chercher, partout, le lien intime et profond qui rattache les choses nouvelles aux choses anciennes et de prendre conseil du temps. Ce n'est pas que l'Eglise repousse l'initiative de l'individu : Non. Pour toutes les questions définies, elle exige sans doute, de ses enfants, une soumission absolue; mais pour toutes les questions à définir, elle leur laisse une parfaite liberté. Non seulement elle ne défend pas les essais, mais elle les appelle, toujours heureuse lorsqu'ils se produisent avec cette modestie qui sied si bien à son esprit. La seule chose qu'elle se réserve c'est d'examiner, de peser, de trier, de rejeter ou d'adopter, de revêtir enfin de son autorité et de consacrer par son usage ce qui n'avait jusque-là de valeur que comme œuvre artistique. Mieux que personne l'Eglise sait ce qui convient à ses chants. Lorsque son choix est fait, mépriser ses cantiques, ce serait mépriser implicitement l'Eglise.

Ainsi un des caractères de la musique religieuse, c'est qu'elle est entièrement traditionnelle. Son répertoire commence par quelque rares mélodies. Chaque siècle lui apporte son tribut de piété, un peu plus un peu moins, suivant l'abondance de l'inspiration. Hier, saint Ambroise et saint Grégoire, aujourd'hui saint Thomas d'Aquin et Jacopone de Todi, demain Palestrina et Durante, plus outre, d'autres maîtres, qui tous composent dans la même tonalité et le même rhythme. L'Eglise adopte leurs compositions. Après la consécration de l'Eglise, l'ancienneté des âges donne à ces chants ce relief majestueux qui est le bienfait du temps. Quand on voit les siècles se succéder dans l'attachement aux mêmes principes, qui donc oserait contester qu'ils ont eu, pour justifier cette fidélité, l'autorité de la raison, la clarté de l'évidence et l'impression toujours lucide des grands sentiments ?

L'autorité que l'Eglise donne à ces chants par son approbation, elle la communique aux compositeurs. De même que les auteurs ecclésiastiques reçoivent de l'Eglise les titres de Pères et de Docteurs et, par la collation de ce titre, deviennent des témoins autorisés de la doctrine ; de même les maëstros deviennent, par l'approbation ecclésiastique, des Pères de la musique religieuse. Leurs compositions sont des témoignages revêtus d'une autorité traditionnelle : leurs principes font loi ; et ce serait méconnaître entièrement les règles de la direction musicale que de vouloir déroger à ces principes et à ces compositions.

Enfin les caractères de *distinction* de la musique religieuse se prennent de ses éléments constitutionnels, de ses caractères de convenance et d'autorité. Par là que la musique religieuse émane d'une inspiration de grâce, qu'elle a pour but d'exciter à la piété, et que ce double caractère de sublimité doit être reconnu par l'Eglise, évidemment et nécessairement, elle doit avoir d'autres procédés que la musique qui a d'autres fins et une autre origine. Telle fin, tels moyens, dit le proverbe. On ne peut pas, avec les mêmes mélodies, chanter les beautés religieuses de la nature et ses senteurs énervantes, chanter les grands sentiments de l'âme et ses plus abjects penchants, louer Jéhovah et Baal.

Quels sont donc les caractères distinctifs de la musique religieuse ?

« Toute musique, disent excellemment les frères Couturier, repose sur deux éléments principaux, la tonalité et le rhythme. Or, il n'existe que deux espèces de tonalités : la tonalité ancienne, basée sur le système naturel de la gamme avec toutes les formes des quatorze modes de plain-chant, et la tonalité moderne dont la base est multiple, car elle est à la fois, et quelque chose de l'ancienne, et quelque chose que rejette l'ancienne, et dont les formes sont réduites à deux modes, le mode majeur et le mode mineur. » L'échelle tonale de la musique *religieuse* est une série de sons, composée dans le genre *diatonique* et formulée dans la gamme de Gui d'Arezzo ; l'échelle tonale de la musique *moderne* est composée dans le genre *chromatique*. Le genre diatonique, étant composé de tons entiers, dit le P. Martini, a un caractère grave, ferme et vigoureux ; le genre chromatique, divisant les tons et acceptant les dissonnances, a des rudesses et des mollesses qui répondent adroitement à l'inertie efféminée et à l'âpre fureur des passions. Le genre diatonique ne supporte pas l'ombre des accidents tels que dièze et bémol, sinon que le *si* est accidentellement bémolisé, lorsqu'il s'agit d'éviter le triton et la quinte diminuée ; le genre chromatique fait un emploi fréquent des modulations extraordinaires, des accords regardés comme impossibles par les anciens, des résolutions épicées d'une septième sur une septième, d'une septième sur une neuvième et de tous les raffinements sensuels dont se compose presque exclusivement la musique moderne.

« Le second élément est le rhythme. Il existe aussi deux espèces de rhythmes, découlant des deux espèces de tonalités: le rhythme mesuré ou cadencé, et le rhythme libre ou non mesuré. Or, ici, nous verrons encore facilement que le rhythme de la musique religieuse ne peut-être le rhythme mesuré. Ce rhythme, en effet, n'est que le complément de la tonalité moderne dont il est issu. Ses propriétés, du reste, sont bien en rapport avec cette tonalité sensuelle. Dans les mouvements plus lents, il berce mollement les sens; dans les mouvements rapides, il agace les nerfs par son allure sautillante ; en un mot, il remue les sens sur lesquels il agit. Souvent même c'est à un tel point, que le corps est agité involontairement, et exécute des mouvements qu'a excités ce rhythme voluptueux et passionné. Nous ne parlons ici que du rhythme des mesures. Mais appliqué sur une plus grande échelle, nous le voyons donner naissance à cette quadrature des phrases musicales, moule uniforme, d'où sortent uniformes les idées qu'on y a coulées.

« C'est ce rhythme qui, après quelques auditions répétées de certains morceaux de musique, nous fait ressentir une espèce d'ennui mathématique parfois très-insupportable en sa monotonie, et souvent très-difficile à chasser.

« Mais quelle grandeur, au contraire, quelle noblesse, quelle immensité ne trouvons-nous pas dans le rhythme libre, issu de la riche tonalité ancienne ? Oui, c'est bien là celui qu'il faut pour le chant religieux. Ici l'idée mélodique peut se développer à son aise et sans crainte d'avoir une note de plus ou de moins. Ici la marche du texte sacré n'a pas à redouter les exigences inflexibles d'une coupe mathématique. C'est sur les ailes de ce rhythme vraiment religieux, et par là vraiment populaire, que les prières, les adorations, les louanges de la grande société chrétienne peuvent monter jusqu'au trône de Dieu. (1) »

Cela ne veut point dire que la musique religieuse compose constamment son pas sur le rhythme d'une marche funèbre et qu'elle n'a d'autres cadences que celle du *Libera*. Que la gravité domine dans sa marche, cela est nécessaire pour honorer la gravité des temples et la majesté de Dieu. Mais il faut aussi qu'à certains moments le chant s'anime et s'élance comme les sentiments qu'il traduit. Dieu lui-même nous invite à le faire. Le grand concert que la nature chante à sa gloire, se fait en général sur un rhythme empreint d'un calme sublime. Mais n'est-il pas des heures où le mouvement s'accélère ? N'avons-nous pas un mou-

(1) Couturier, *Décadence et Restauration de la musique religieuse*, page 66 et suivantes.

vement précipité dans le vol bruyant de la tempête, dans les éclats répétés du tonnerre, dans le fracas des vagues qui se pressent en mugissant sur les bords de la mer? La poésie biblique n'a-t-elle pas de temps en temps des ailes rapides comme celles de la foudre? Et croit-on que la musique destinée autrefois à célébrer Jehovah, ait été sans élans? Enfin, les diverses fêtes de notre année liturgique ne justifient-elles pas des tons divers dans les chants qui se mêlent à leur solennité? L'Avent, le Carême, la Semaine Sainte, appellent les cantiques de la tristesse et de la pénitence. Noël et l'Epiphanie demandent une musique pastorale et royale. Pâques réclame des cantilènes triomphants. Les fêtes de la Vierge admettent qu'on se livre à toutes les joies et à toutes les douleurs de l'amour filial. Les nuances ne sont donc pas, non-seulement permises, mais obligatoires. Le culte les prescrit et la piété des fidèles les attend. Rien ne serait moins admissible qu'un système de fausse gravité qui prétendrait ramener toutes les compositions lyriques à un mode uniforme et faire de la musique religieuse une perpétuelle élégie.

IV

Où trouver maintenant la musique religieuse?

Pour trouver la musique religieuse, il ne faut pas la chercher au foyer de la famille, dans les tumultes de la place publique, au théâtre ou dans les camps : il faut la chercher dans les temples.

Si nous entrons dans une église catholique, qu'entendons-nous? Deux intruments : les cloches et l'orgue; deux sortes de voix : des voix unies dans les mélodies du plain-chant ; des voix associées, mais distinctes, dans les harmonies de la musique.

Pour découvrir la musique religieuse, il faut donc étudier les instruments et les chants d'un usage traditionnel et consacré par l'Eglise.

« Pour publier les bienfaits et la louange de Dieu avec une pompe et une magnificence plus dignes de sa majesté souveraine, dit le cardinal Giraud, l'Eglise a emprunté deux voix et comme deux organes dont la puissance égale l'étendue : l'orgue et la cloche. L'orgue, voix du dedans, qui déroule ses flots d'harmonie sous les voûtes sonores des basiliques, autour des vieux piliers des grandes nefs, dans les retraites mystérieuses du sanctuaire. La cloche, voix du dehors, qui ébranle au loin la terre du tonnerre de ses longs mugissements. L'orgue, expression de la prière publique dans les temples consacrés à la religion. La cloche, expression de la prière universelle, de la prière catholique dans le temple auguste de l'univers. L'orgue, voix des anges et des saints, qui, de la hauteur des vitraux, où sont représentés leurs combats et leurs victoires, descend sur la multitude recueillie pour soupirer à son oreille les joies et les gloires du ciel. La cloche, voix du peuple et de l'humanité tout entière, qui, des profondeurs d'une vallée de larmes et d'exil, fait monter jusqu'au trône de l'Eternel la plainte de la souffrance, et le cri de la détresse avec les vœux de l'espérance et de l'amour ! L'orgue enfin, *voix magnifique*, mais qui, ne dépassant point la limite de l'enceinte sacrée, ne peut être entendue que des pieux fidèles qui la fréquentent. La cloche, *voix pleine de force et de vertu*, qui tonne aux oreilles des transfuges de notre foi en dépit de leurs efforts pour échapper aux poursuites du remords ; qui brise l'*impie pareil au cèdre altier ;* qui porte les terreurs de l'avenir et les épouvantes de l'éternité dans les solitudes des consciences vides de Dieu, *véritable désert* qu'un vent brûlant dessèche, et que nulle rosée ne fertilise, et qui *éclaire*, comme d'un rayon sinistre, les replis ténébreux où elles s'enveloppent et le noir abîme où elles vont se précipiter ! (1) »

Le plain-chant est, en fait de musique, le chef-d'œuvre des chefs-d'œuvre, le chef-d'œuvre inspiré de l'Eglise catholique. Choron s'écriait avec transport qu'il n'y avait que les anges qui pussent trouver d'aussi admirables formules. Mozart sentait les larmes lui venir aux yeux à l'audition d'un *Agnus Dei*. Palestrina en faisait ses délices ; on peut le voir à la façon dont il composait. C'est par milliers que l'on compte les thèmes de plain-chant qu'il entrelaçait en guirlandes harmonieuses. Bach, quoique protestant, suit, dans ses chorals d'orgue, une multitude de motifs de plain-chant. Un compositeur juif disait à sa louange : « Comment les prêtres catholiques, qui ont dans le chant grégorien la plus belle mélodie religieuse qui existe sur la terre, admettent-ils dans leurs églises les pauvretés de notre musique moderne ? » A quoi bon, après ces témoignages, citer les saints Pères et les compositeurs catholiques ? A quoi bon même faire des citations quand il est si facile d'entendre le *Te Deum*, le *Dies iræ*, les hymnes du Saint-Sacrement, l'office des morts, de la semaine sainte et une foule d'autres pièces admirables. Il n'y a pas, au monde, de recueil musical qui puisse supporter la comparaison avec notre Graduel et notre Antiphonaire. Que les

(1) *OEuvres du cardinal Giraud*, tome II, page 335.

contempteurs du plain-chant, s'il en a de sérieux, viennent, dans nos offices du soir, écouter la grande voix du peuple chanter le *Miserere* ou le *Stabat*. C'est en écoutant ce chœur immense qu'ils comprendront la puissance du plain-chant, et, s'ils sont instruits, c'est alors que se présenteront à leur esprit ces grandes paroles de saint Ambroise que je ne saurais traduire : *Benedictio populi est, Dei laus, plausus omnium, sermo universorum, vox ecclesiæ, fidei canora confessio, libertatis lætitia, clamor jucunditatis, lætitiæ resultatio.*

Malgré la magnificence du plain-chant, l'Eglise a voulu relever encore des ressources de la musique la majesté de son culte. Adoptant, pour la composition de cette musique religieuse, les principes de la tonalité grégorienne, elle en fit l'application dans le contrepoint et la fugue. Le contrepoint ou faux-bourdon est l'accompagnement harmonique d'une pièce de plain-chant. Selon saint Hilaire, le signe le plus certain de la miséricorde de Dieu, c'est l'ardeur de tout un peuple qui se délecte dans le chant des hymnes. Aussi est-il dans les traditions et les vœux de l'Eglise que dans les assemblées religieuses tous les fidèles prennent part à l'exécution des chants sacrés et confondent leurs voix pour louer Dieu. D'après ce principe, le faux-bourdon doit être la musique habituelle du culte catholique. La gravité de son rhythme, la simplicité de son chant et de ses accords, la fermeté régulière de sa marche, la facilité avec laquelle des foules immenses peuvent en apprendre les motifs les plus harmonieux, tels sont les titres qui commandent de l'adopter pour l'usage fondamental de nos offices liturgiques.

Mais en l'adoptant comme base, l'Eglise a tenu à ce qu'à côté de lui, quoique dans une proportion secondaire, marche la musique religieuse. La fugue a été la forme principale par elle permise pour cette composition. Une fugue est une pièce musicale dont toutes les parties sont l'œuvre d'un virtuose. Son caractère, c'est d'être composée de plusieurs accords mélodiques du genre du plain-chant et marchant d'après les mêmes lois. L'Eglise, en fait d'art musical, n'a pas d'autres principes. Dans les applications qu'elle en permet, à part les chants du prêtre, elle n'admet pas les solos, duos, trios, tels qu'on les entend ordinairement. L'Eglise demande des chœurs. Le chœur, c'est l'écho de la voix du peuple chrétien, c'est la voix même de ce grand peuple, peuple fier de sa noble liberté, peuple parfaite image de la vraie égalité, peuple de frères par excellence.

Cette musique-là, l'Eglise l'adopte, et pourquoi? Parce que Dieu, suprême auteur des arts, en doit être aussi la fin dernière, et que s'il a créé la musique, c'est pour être glorifié dans ce noble langage. Parce que la musique est pour le chrétien un besoin profond et un noble aliment. « Oui, dit très-bien le digne successeur de Fléchier, oui, quand un homme et un peuple croient vivement en Dieu et en Jésus-Christ, quand ils les aiment avec une sainte passion, la parole et les chants vulgaires ne leur suffisent plus, il leur faut la poésie et la musique. C'est là l'expression naturelle, spontanée, nécessaire, de toutes les émotions profondes, de tous les nobles enthousiasmes, comme aussi de toutes les grandes douleurs. Plus un peuple est catholique, plus la musique et la poésie prennent une part importante dans son culte public. L'Italie, l'Espagne, la Belgique, l'Autriche, la Prusse rhénane, et, en France, l'Alsace orthodoxe, toutes ces contrées, où sont nés tant de compositeurs illustres, en sont une preuve éclatante. Leur foi ne sait pas se manifester autrement que par une mélodie. Jamais une émotion religieuse n'agite leurs lèvres, qu'on prendrait volontiers pour une lyre, sans qu'il en jaillisse un accord ; et quand surtout une grande solennité vient rassembler leurs populations sous les voûtes d'une basilique et parler puissamment à leur conscience, elles ne peuvent pas plus s'abstenir d'éclater en hymnes enthousiastes qu'il n'est possible au roi des instruments de ne pas s'électriser sous l'archet inspiré qui l'ébranle (1). »

V

Telle a été, envers l'art musical, la généreuse conduite de l'Eglise. L'Eglise a tiré de son cœur les incomparables mélodies du plain-chant ; elle a bâti les clochers de villages et les tours de ses cathédrales, pour y abriter les cloches ; elle a fait une place à l'orgue dans le *Triforium* de ses temples ; enfin elle a ouvert ses portes aux sublimités de l'harmonie. Mais de même que les bontés de Dieu envers l'homme n'ont souvent d'autre retour qu'une lamentable ingratitude, de même la générosité de l'Eglise envers l'art musical a été souvent payée de trahison. L'archéologue, qui compulse les vieux monuments de l'histoire, voit à chaque siècle la frivolité vaniteuse ou une malice adroite s'ingénier à corrompre les chants liturgiques. A chaque siècle aussi des maîtres autorisés rappellent les principes de la musique religieuse. Un long cri de douleur contre les nouveautés profanes, se prolonge à tra-

(1) Mgr Plantier, *Discours de circonstances*, pages 56, 58.

vers les canons des conciles et les décrétales des Papes. On ne sait vraiment ce qu'il faut plus admirer de ces dégradations de la musique qui justifient les alarmes des puritains et de l'infatigable condescendance de l'Eglise qui se refuse à proscrire ce grand art.

Il est nécessaire de parler ici de la décadence de la musique, de ses causes, de ses vicissitudes et de ses derniers résultats.

A la fin du moyen-âge s'était répandu, parmi les gens de bien, un esprit de subtilité qui mena vite où mène cet esprit, aux raffinements du sensualisme. Avec l'idée plausible d'ajouter à l'art ogival la perfection des formes antiques, on se jeta dans un genre bâtard, élégant, licencieux, qui ne fût que l'abandon de l'art chrétien et la copie malvenue de la belle antiquité. L'ogive se rabaissa vers la terre, le voile des madones fut déchiré, les hymnes s'inspirèrent des souvenirs d'Horace. La musique ne participa point d'abord à cette dégradation. Il ne restait rien des mélodies anciennes ; Palestrina et son école étaient en honneur. Cependant on s'occupait dès lors de remplacer des chants réputés barbares et de créer une musique plus en rapport avec les goûts pervertis du temps. Monteverde, le premier, composa dans le genre chromatique, et la musique moderne, cette future prostituée, fit entendre ses accents novices dans un madrigal. Une fois trouvée, cette musique sensuelle, finit par entraîner le plain-chant et l'ancienne musique. Au xviiie siècle, les absurdes corrupteurs de la liturgie, substituèrent aux suaves mélodies de saint Grégoire les lourds et méprisables chants d'un Lebœuf. La révolution renversa les maîtrises, bien déchues, il est vrai, depuis Gerson et Charlemagne. Enfin, de nos jours, les agitations du forum et les fortes émotions de la vie publique font rechercher tout ce qui caresse la surexcitation des esprits. La musique, enfant gâtée des sympathies populaires, en est venue à faire retentir les sanctuaires du Dieu trois fois saint des chants lubriques du théâtre.

Il faut apprécier avec froideur et équité cette lamentable décadence.

La cloche, soustraite par la simplicité de sa structure aux atteintes de la corruption musicale, s'est vue, quelque part, condamnée à des accords mous, à des carillons mondains, à des multiplications d'harmonie à rebours qui s'appelleraient mieux charivaris. Ces carillons de vingt cloches ne font que commencer, il est bon de les signaler à la vindicte du bon sens. Quant aux accords énervés du noble instrument ne rappellent-ils pas Hercule filant aux pieds d'Omphale ?

Le roi des instruments, l'orgue dont le majestueux caractère tient à la plénitude et à l'égalité de ses accents, à la sonorité soutenue, consonnante et prolongée qui le met en rapport avec le plain-chant et avec le Dieu immuable dont il célèbre les louanges, l'orgue se voit rabaissé à je ne sais quelle dégradation. Au lieu de s'appliquer à lui conserver ses attributs distinctifs, les facteurs le veulent rendre *expressif*, c'est-à-dire renfler et rétrécir les sons pour en augmenter les agréments. Non contents de l'orgue expressif, que Grétry voulait remplacer purement et simplement par les orchestres de théâtre, les facteurs s'appliquent à en imiter les instruments. Le clavier transpositeur, utile pour les novices, fait de l'art un métier. Le ton de chapelle, abandonné pour le ton d'opéra, conduit à hausser le diapason de l'orgue et des voix. Enfin l'orgue à cylindre, la musique percée, les plus tristes inventions et les plus déplorables manivelles, osent, en plein xixe siècle, venir faire tapage au saint lieu.

Quant à la musique, voici ce qu'en disait Choron il y a quarante ans. « Il suffit, dit-il, d'avoir une connaissance tant soit peu exacte et approfondie de l'art musical, d'avoir la moindre notion des convenances, et de n'être point étranger à toute idée de piété et de religion pour demeurer convaincu de cette vérité : que dans toutes les églises où la musique est parvenue à s'introduire, cet art n'a nullement conservé le caractère qui convenait à une si haute destination. En effet, si l'on écoute les diverses pièces de musique qui s'exécutent, soit dans les chapelles des princes, soit dans les églises cathédrales, soit dans les paroisses, en un mot, dans les églises quelles qu'elles soient, et que l'on compare ces compositions à celles qui s'exécutent dans les sociétés, dans les concerts, dans les théâtres, on reconnaîtra qu'il n'existe pas la plus légère différence entre ces différents genres de musique. De part et d'autre c'est la même constitution technique , ce sont les mêmes effets, le même caractère, la même recherche d'expression ou voluptueuse ou passionnée : enfin, pour tout dire en un seul mot, nos messes, nos psaumes, nos motets, ne sont autre chose que des opéras latinisés. »

Depuis, le mal n'a fait qu'augmenter. Tout récemment, la lettre qui recommandait aux évêques l'Ecole de musique religieuse, pouvait dire en toute exactitude : « La musique religieuse, qui ajoute un si grand éclat aux solennités du culte, a perdu le *caractère sacré* que lui assignaient ses antiques traditions. »

De là, le dégoût du plain-chant, l'oubli de la tonalité ecclésiastique et de la musique fuguée; de là, les messes du *Joseph* de Cherubini, de la *Vestale* de Spontini; pourquoi pas aussi des *Huguenots*, du *Prophète* et de *Robert-le-Diable?* De là, les pianistes à l'orgue et les acteurs à l'église; de là, sous le nom d'office, des concerts qui avilissent le culte, qui scandalisent les âmes pieuses ou les jettent dans une religiosité vague et une vaine sensiblerie de piété; de là, enfin, l'attristante décadence de l'art musical en France.

L'ancienne tonalité et les anciennes écoles avaient donné à toutes les provinces, à toutes les villes, à toutes les familles des chanteurs experts, des instrumentistes habiles, de vrais maîtres. « D'où sont sortis, en effet, les Roland de Lassus, les Gabrieli, les Palestrina, les Marenzio, les Vittoria, les Animuccia, les Benevoli, les Durante, les Allegri et tant d'autres; sinon des écoles qui ont professé les principes et les doctrines que nous voulons remettre en honneur? Mais ce n'est là encore qu'un côté du domaine de l'art vivifié par l'enseignement que nous préconisons. Car, pendant que ces maîtres fameux dotaient les églises de leurs chœurs immortels, d'autres, sortis des mêmes écoles, jetaient du haut de leurs orgues, sur les assemblées chrétiennes, les flots d'une incomparable et divine harmonie. Les Frescobaldi, les Cousserin, les Clérambault, les Bach, les Kittel, les Fischer, les Rinck, les Boëly, et bien d'autres, montraient ce qu'on peut sur l'instrument divin quand on s'est abreuvé aux sources de la science et des idées religieuses. Mais, pour envisager l'art sous un autre aspect, est-ce que ces mêmes écoles ne nous ont pas donné Carissimi, Scarlatti, Clari, Handel, Leo, Sacchini, Jomelli, Cimarosa, Piccini, Gluck, Guglielmi, Donizetti, Méhul, Cherubini et Rossini? N'est-ce pas surtout à la sévérité des principes des mêmes maîtres qu'ils doivent la force et la fécondité de leur génie? Mais Boccherini, Clementi, Mozart, S. Neukounn, Hummel, Beethoven, Mendelssohn, Weber et Meyerbeer, n'ont-ils pas été élevés et dirigés par des maîtres de chapelle? Mais, est-ce que Lalande, Lesueur, Haydn, Gossec, Grétry, Dusseck, J. Mayer, Boïeldieu, Schubert, et de notre temps, F. David et Diestch, n'ont pas été enfants de chœur avant d'enrichir le domaine de l'art de leurs chefs-d'œuvre. Et au point de vue de la science et de l'esthétique, qui a produit les Zarlino, les Rameau, les Martini, les Albrechtsberger, les Baïni, les Fux, les Marpurg, les Vogler, les Choron, les Fétis; sinon les principes et les œuvres dont nous redemandons la pratique (1)? »

Aujourd'hui, nous n'offrons qu'une stérilité désolante en fait d'œuvres et de compositeurs. Certes, les encouragements ne manquent pas, et le génie ne fait point défaut. Mais nous n'avons plus la puissance des

______

(1) Couturier, ouvrage cité, Conclusion.

principes et nous n'avons que trop la faiblesse des passions. Où en est aujourd'hui l'opéra lui-même ? Où sont les grands noms modernes qui devraient y figurer ? Certes, nous ne sommes pas partisans du théâtre ; mais nous tenons à constater la décadence musicale jusque sur la scène lyrique, pour montrer l'impuissance des idées modernes dans l'art qui nous occupe. Qu'avons-nous aussi de notre temps en fait d'auteurs de symphonies, de trios, de quintettes, etc.? Où sont les descendants de Mozart, de Beethoven, d'Haydn? Où trouver le talent, la poésie, le feu qu'ils déployaient dans ces sortes de compositions? Les anciens compositeurs faisaient, il est vrai, une certaine part aux sensations ; mais, en hommes habiles et fiers, *ils dédaignaient d'en abuser;* et même dans les œuvres profanes, ils s'inspiraient de l'idée et du sentiment religieux. Les compositeurs modernes font fi de ce noble discernement. L'effet, encore l'effet, et toujours l'effet : l'effet au théâtre, l'effet au salon, l'effet à l'église : telle est la morale des artistes. Or, ce qu'ils ont gagné à cela, c'est de ne produire aucun effet, ni à l'église, ni au salon, ni au théâtre. Nous nous trompons, ils ont produit un effet, c'est d'occasionner le désordre et le scandale dans le lieu saint, l'ennui au salon, quelques attaques de nerfs au théâtre, et passablement de sifflets (1).

La mode et le train du siècle aidant, ces aberrations ont trouvé moyen de forcer même la porte des colléges, comme pour s'assurer, par l'éducation des complices, et, pour l'avenir, un tranquille triomphe. Le plain-chant, le beau et suave plain-chant en est banni comme une vieillerie du moyen âge. Les rares études de musique vocale qui s'y font, n'ont pas une direction convenable (2). Les instruments s'y choisissent en vue du tapage, et s'y apprennent d'une manière mécanique. Dans ces maisons, qui devraient être pacifiques comme la famille et recueillies comme le sanctuaire, on n'entend que trombonnes, cornets à piston, ophicléïdes, saxhorns, toute l'artillerie des fanfares et de la musique militaire. On a le képi sur l'oreille, la giberne de musique au côté, on joue des marches, des pas redoublés dans les rues ou sur les promenades. Les enfants, les parents, les directeurs, si difficiles à contenter, sont tous très-contents... excepté pourtant les professeurs,

____

(1) Un maître, pressé de donner un échantillon de cette musique, leva sans plus de façon les basques de son habit, et s'assit sur le clavier de l'orgue. Un Allemand, moins spirituel, a voulu nous doter de la musique de l'avenir : cette musique est empruntée aux mélodies déjà anciennes des charivaris.

(2) M. Duruy vient de remédier en partie à ce désordre, en rendant obligatoire l'étude de la musique vocale dans les lycées. Les hommes de goût applaudiront à cette mesure.

forcés d'infliger des *pensums* aux virtuoses qui négligent leurs thèmes. ou qui battent la mesure pendant la classe. Mais que fera-t-on de ces instruments sonores quand se rouvrira pour toujours le foyer domestique ? Est-ce avec un tambour ou un ophicléïde que ces jeunes gens accompagneront un ami ou une sœur ? Et si ces.instruments sont délaissés comme inutiles, sans être échangés contre d'autres, pourra-t-on constituer dans les villes de provinces des orchestres convenables? Que l'on essaie seulement de les faire fleurir là où ils brillaient autrefois et l'on verra où nous en sommes. Que sera-ce, dans vingt ans, quand les violonistes, violoncellistes et contre-bassistes auront disparu. Le sceptre de la musique repose sur la tombe de Palestrina. Si nous ne songeons, après tant d'efforts stériles et de ridicules avortements, à le faire reprendre par de nouveaux maîtres, il faudra bientôt écrire : *Finis religiosæ musices.*

VI

Et maintenant nous dirons avec Choron : « Des abus si révoltants ne peuvent plus se supporter, ils appellent à grands cris une réforme. » Oui, il faut relever l'art musical de cet état d'abaissement! Oui, il faut le ramener à ses antiques traditions, et lui rendre le lustre et l'éclat d'autrefois! Nous le disons et nous le répétons, certains de nous faire, par cette réclamation, l'écho de tous les hommes d'intelligence et de goût. Tous, en effet, comprennent qu'un tel état de choses ne peut subsister sans avilir le culte catholique, sans blesser les convenances, sans insulter même au bon sens public, ni enfin sans dégrader l'art lui-même, en le précipitant dans une voie qui ne peut que le conduire à sa ruine. Depuis quelque temps surtout il s'est fait dans ce sens un mouvement de retour très-prononcé. Partout on s'agite pour créer dans ce but des institutions convenables, et essayer de redonner à la musique religieuse son ancienne splendeur.

Toutefois, malgré cet heureux élan des esprits, la question pratique n'a encore produit aucun résultat réel. Pour sortir de cette malheureuse impuissance, il faut : 1° partir de principes vrais; et 2° établir des institutions qui assurent la fécondité des principes. Ces deux points doivent être expliqués d'une manière claire et précise, si l'on veut donner une base solide à la restauration de la musique religieuse.

Il n'y a rien à dire ici des cloches et nous ne dirons rien des orgues, les innovations funestes des facteurs devant disparaître par la restauration de la musique et du plain-chant.

Nous disons du plain-chant, car il n'est guère moins à restaurer que la musique. Le xviiie siècle avait banni le plain-chant grégorien, et, avant qu'il ne l'eût banni, ce chant avait subi de nombreuses altérations. Notre siècle, qui sera un grand siècle, si pour être grand il suffit de commencer, a voulu tirer le plain-chant de ses ruines et le rendre à sa primitive intégrité. D'immenses travaux ont été entrepris à cette fin, et d'excellents musicographes ont acquis quelque gloire en se vouant à ce difficile labeur. Les plus ignorants parmi les lettrés connaissent les Fétis, les Danjou, les Tesson, les Lambillotte, les Raillard et d'autres qu'il est superflu de nommer après ces maîtres. Toutefois, il sera permis de dire que ces vaillants ouvriers n'ont, en quelque sorte, que déblayé le terrain où doit s'élever le monument. On sait, à n'en pas douter, que les mélodies originales de saint Grégoire existent, qu'il est possible, par la comparaison des anciens manuscrits, de les découvrir, et qu'il est possible aussi, par un sage éclectisme, de ramener à la mélodie grégorienne les offices et parties d'offices ajoutées depuis. Mais, pour obtenir ce résultat, il ne suffit pas d'encourager les savants, comme l'ont fait les évêques, et de laisser, après les premières découvertes, la question à l'examen, comme l'a sagement fait le Souverain Pontife. Il faut encore des voyages, des recherches de manuscrits, des impressions de textes découverts, des comparaisons faites par des hommes de goût et de principes, toutes choses qui paraissent surpasser les forces d'un homme, si bien pourvu qu'il soit, et même les ressources d'un ordre religieux si avantageusement doté qu'il puisse être. Le gouvernement, il faut lui rendre cette justice, n'a pas attendu la dernière heure pour donner des missions scientifiques aux savants et mettre ses presses au service des récentes découvertes. Mais, il faudrait, ce semble, être bien aveugle pour méconnaître l'utilité, disons plus, la nécessité ultérieure de son concours. S'il nous était permis d'émettre un vœu, nous proposerions de nommer une commission chargée de constater l'état actuel des travaux entrepris pour la restauration du chant et d'aviser aux meilleurs moyens de les poursuivre; laissant d'ailleurs au sentiment religieux et patriotique des ministres le soin d'en hâter l'emploi et d'ajouter à la gloire du gouvernement le très-grand mérite d'avoir rendu à nos populations, les plus pures souvent les seules jouisssances musicales qu'il leur soit permis de goûter.

Pour la restauration de la musique religieuse, il faut bien se persuader que cette musique et la musique moderne sont des arts tout à fait différents, absolument étrangers l'un à l'autre, deux idiomes très-distincts basés sur une tonalité différente, employant à la vérité les mêmes éléments, c'est-à-dire les sons, mais les coordonnant différemment, les distribuant dans un autre ordre, les appropriant à des effets divers. Aucune affinité réelle n'existe entre l'un et l'autre art.

Pour distinguer la musique religieuse de la musique profane, il faut *la comparer avec le plain-chant* et pour la mélodie et pour l'harmonie. Telle est la règle de l'Eglise, parfaitement justifiée aux yeux de la droite raison. Le plain-chant, en effet, étant la seule musique en rapport parfait avec le culte, *toute musique sans rapport avec le plain-chant est sans rapport avec le culte,* et, par conséquent, ne peut être à sa place dans une église.

De là nous concluons avec les frères Couturier : que toute musique écrite d'après la tonalité du plain-chant, d'après son rhythme libre, d'après son genre de mélodie, et d'après son harmonie, sera de la musique religieuse.

De là nous concluons aussi : que toute musique écrite dans la tonalité moderne, avec un rhythme mesuré, suivant, et dans sa mélodie et dans son harmonie, la voix opposée à celle du plain-chant, toute musique de ce genre, disons-nous, ne sera nullement religieuse.

La première doit être nécessairement *admise* et l'autre non moins nécessairement *proscrite*.

Entre deux, il y a un point délicat, un nœud de difficultés qu'il importe au plus haut point de trancher, si l'on ne veut ouvrir la porte à des abus qui iraient bien vite où vont les abus, à l'abandon des principes et à la stérilité des entreprises de restauration. Nous devons aborder carrément cette difficulté.

Que penser donc de cette musique douteuse qui n'est complètement ni dans le genre de la musique religieuse, ni dans la tonalité de la musique profane?

Pour élucider cette question, il faut en expliquer les termes.

La musique dont nous parlons peut se rapprocher ou s'éloigner de bien des manières des principes de la musique religieuse. Ainsi on peut prendre une mélodie ancienne que l'on revêtira d'une harmonie plus moderne ; ou prendre une mélodie moderne que l'on habillera de l'harmonie ancienne ; ou prendre même une mélodie qui ne sera ni purement ancienne ni purement moderne, et l'harmoniser d'une façon qui ne sera ni ancienne ni moderne. Entre l'harmonie du plain-chant et l'harmonie omnitonique de la musique de nos jours, il y a bien des degrés, et, par conséquent, bien des manières de composer une pièce.

Joignons-y la multitude des formes mélodiques et rhythmiques, et nous aurons une infinité de combinaisons différentes. Or, comment apprécier celle qui sera la plus ou la moins religieuse?

Aucun morceau de ce genre n'est vraiment religieux ; il n'est pas non plus absolument irreligieux. Il ne peut donc être ni admis sans réserve ni proscrit sans examen, mais toléré ou rejeté suivant les circonstances. Pour se décider dans un choix à faire, il faut comparer les éléments de cette musique avec les éléments analogues du plain-chant. La combinaison qui se rapprochera le plus du modèle sera la plus digne de sa destination. En revanche, les pièces qui iront s'éloignant davantage de la musique religieuse, seront moins dignes de tolérance. Peut-être même seront-elles assez en dehors du type consacré pour être écartées avec une sévérité légitime.

Il est clair que, pour procéder à ce choix, il ne faut pas seulement de bons principes, mais encore une notion approfondie de l'harmonie, de la tonalité, du rhythme et des règles de la composition. Comment juger jusqu'à quel point tel morceau est imprégné d'harmonie moderne, si l'on ne connaît exactement les caractères qui la distinguent?

Mais y a-t-il, dans cette tolérance, un point fixe? Nous ne le pensons pas. Ici, comme en toute matière de tolérance, la marche à suivre est de ne tolérer *qu'en tendant à revenir à la perfection.* S'il fallait absolument poser une règle en toute rigueur, nous dirions : « Toute coupe de pièce, toute suite d'harmonie, toute mélodie un peu échevelée, toute composition et tout effet d'orchestre, tout instrument même, employé fréquemment ou avec grand succès au théâtre, doivent être impitoyablement bannis du saint lieu. »

En formulant cette règle, nous sommes d'accord avec les décisions de l'Eglise et les principes du goût.

L'Eglise, par décrets formels, a proscrit nommément le *récitatif*, la *cabalette* et la *cavatine ;* elle repousse aussi les instruments trop bruyants ; elle ne tolère même qu'avec peine le quatuor d'archets.

Le goût exige de la musique religieuse une origine pure ; il n'admet ni exclusions trop absolues ni transactions mondaines ; mais, pour rester fidèle à lui-même, il veut absolument de la netteté dans le thème musical, de la convenance dans le rhythme et les modulations. Nous ne parlons pas ici de certains mouvements sautillants, ondoyants, tourbillonnants, mondains, dont on ne saurait faire usage à l'église sans inconvenance. Nous parlons surtout de certains artifices purement matériels. « Des notes, dit Mgr Plantier, qui se précipitent avec le bruit et la rapi-

examen et l'on suivra le cours à tout prix. Dans les maîtrises l'admission est plus facile et je dirais volontiers plus juste, mais le renvoi est plus fréquent. Et cela se conçoit : il faut des essais et des épreuves assez longues pour connaître les dispositions réelles d'un futur musicien. Tel avait beaucoup promis qui ne tient rien ; tel paraissait embarrassé dans ses débuts, qui se développe avec assurance et réalise bientôt de merveilleux progrès. Une école musicale doit pouvoir ouvrir et fermer sa porte suivant les exigences du service.

Un autre inconvénient d'une seule école, si elle peut faire face à tous les besoins, c'est l'encombrement des élèves. « Ces établissements, dit encore Portalis, doivent être fort bornés pour réussir. » De trente à soixante jeunes gens, voilà le chiffre normal. Une maîtrise, par nature et destination, s'en accommode nécessairement. Les mœurs s'y gardent plus pures ; l'étude, le recueillement, la piété en sont les sauvegardes.

Mais le grand, l'incomparable avantage des maîtrises, c'est la facilité d'arriver à une pratique immédiate et ininterrompue.

La plupart des enfants sont employés au chœur et au sanctuaire. On ne peut pas toujours obtenir de leur légèreté une gravité parfaite. Volontiers ils se passent des billes au bas de l'autel et se disputent à la sacristie les restes du pain bénit. Malgré ces petites fautes, dont le souvenir aura son charme plus tard, il n'est pas moins certain, qu'en servant la messe, ils apprennent à connaître et à aimer les cérémonies du culte. Non-seulement ces enfants plaisent, touchent, édifient ; mais ils s'incorporent en quelque sorte les rites sacrés ; la liturgie leur est familière dans ses plus humbles détails. L'église est le berceau de leurs émotions. Quand l'âge sera venu, ils puiseront, dans la mémoire du cœur, cette exactitude d'idées et cette puissance de sympathie qui donnent aux compositions l'élan et le parfum. La vivacité du premier âge, sa poésie, trouveront dans les travaux de l'âge mûr, le moyen de ressusciter en se transformant.

Lorsque ces enfants ne servent pas à l'autel, ils préparent à la maîtrise les grands offices des fêtes ou les exécutent à la cathédrale. Il n'est pas de jour où ils ne chantent ; la mélodie est comme leur aliment. Ces contacts précoces et de tous les instants avec la grande musique, ne peuvent que parler puissamment à leur intelligence, et faire éclore en eux le génie de la composition, s'ils en ont reçu l'étincelle.

Ce qui ajoute au mérite de ces exercices, c'est l'application qu'on a de conserver ces enfants dans les sentiments de foi, de pureté et de piété qui conviennent si bien à leur âge et à leurs fonctions. Pour savoir chanter, il ne suffit pas d'apprendre ; il faut apporter dans l'exécution, ce fameux *je ne sais quoi* que les maîtres ne peuvent enseigner et qui doit jaillir du cœur. Par exemple, pour briller sur la scène, il faut, disait Voltaire, *avoir le diable au corps*. Par contre, pour chanter à l'église, il faut avoir fait de son âme un tabernacle vivant. Sans les qualités précieuses que donne la vertu, vous ignorerez toujours cette mesure, cette discipline, cette discrétion qui doivent se montrer partout dans les chants religieux, et régler si bien toutes les explosions de cœur et de sentiment que l'onction ne devienne pas de la mollesse, la mélancolie de la langueur, l'amour divin un éclat passionné comme les délires du théâtre. La maîtrise, par sa direction, inspire cette foi vive que l'imagination ne saurait suppléer. Les enfants y grandissent dans une atmosphère qui pénètre leur sang d'une sève musicale. Tout ce qu'ils font comme tout ce qu'ils entendent, prépare les riches épanouissements de l'avenir.

Et en attendant qu'ils justifient ces espérances, quelles joies pures ne procurent-ils pas aux fidèles qui les écoutent. Rien ne touche comme ces voix d'enfants s'unissant aux harmonies du sanctuaire. Les artistes qui ne sont qu'artistes peuvent bien contenter l'esprit, mais ils ne vont guère jusqu'à remplir le cœur de délices. On n'y sent pas l'accent entier et profond de l'âme. « Dans la voix d'un enfant de chœur, c'est plus que l'accent de la piété, c'est celui de l'innocence ; au fond de ce timbre si limpide, et dont chaque note est comme une perle de cristal qui tombe, vous apercevez le reflet d'une âme sans tache ; ce qu'elle chante répond, soit à ce qu'elle est, soit à ce qu'elle éprouve ; on sent que Dieu doit aimer cet hymne s'échappant d'une bouche immaculée ; on y trouve pour soi-même un attrait mystérieux qui porte à redevenir aussi pur que ce petit ange, et vous rencontrerez bien peu de personnes qui ne rattachent ainsi à la voix d'un enfant, entendue dans quelqu'une de nos cérémonies saintes, les émotions les plus religieuses qu'elles aient éprouvées dans leur vie (1). »

Comment rétablir les maîtrises avec la pénurie actuelle de bons maîtres ? Quel caractère, laïque ou ecclésiastique, donner à ces établissements ? Quelle forme *d'externat* adopter ? D'après quel programme y enseigner le chant, la musique, la liturgie et les belles-lettres ? Par quels artifices réussir à y former des chœurs complets ? Comment relier les maîtrises aux séminaires et aux lycées ? Autant de questions, d'ap-

____

(1) Plantier, ouvrage cité.

plications, qu'il serait superflu d'examiner dans un travail dont l'unique but était de poser des principes (1).

Au reste, tout n'est pas à créer. Depuis Portalis, et malgré la diminution des secours financiers, nos évêques ont établi, près de leurs cathédrales, des maîtrises. Pour les maîtrises donc et pour la musique, comme pour le plain-chant, il existe de nombreux éléments de restauration. Il suffit, mais il est nécessaire de les coordonner, de leur donner une impulsion nouvelle. Alors revivra en France le chant des chœurs populaires ; alors renaîtra le goût de la grande et noble musique.

L'heure présente est favorable à cette magnifique entreprise. Nos cathédrales se restaurent ; nos églises se reconstruisent ou s'embellissent ; les vieilles orgues se réparent, de nouvelles s'établissent partout. Un mouvement catholique entraîne les grands esprits et pousse, comme malgré elles, les populations à nos solennités. La science a enrichi d'une foule d'inventions le champ de l'activité européenne. L'industrie et le commerce, volant sur ses traces, domptent les éléments avec une facilité merveilleuse. Quelque chose de grand s'efforce d'émerger des limbes de l'avenir. A cet effort de résurrection, de travail et de grandeur, il manque malheureusement quelque chose, une voix, une grande voix, pour traduire les fastiques aspirations de la foule et offrir à Dieu l'hommage purifié et agrandi de nos conquêtes. Assez et trop longtemps, nos gigantesques travaux, détournés de leur fin ou arrêtés dans leur essor, ont fait endurer à la génération présente les douleurs de l'enfantement. Trop longtemps, les échos de nos vieilles cathédrales ont été veufs des accents populaires. Le moment est venu de sortir de cette impuissance et de mettre fin à ce deuil. Désormais, il ne s'agit plus de donner satisfaction à quelques instincts d'élite, à quelques goûts délicats. Il s'agit d'inonder tout un peuple de délicieuses et saintes émotions. Nos grandes orgues sont dans l'impatience de préluder à cet angélique concert. Les nefs des cathédrales nous conjurent de faire cesser leur mélancolique silence. Et cette prière, elles l'adressent avec un élan d'autant plus généreux, que leur air libre et pur, leurs échos sans fin, leur auditoire recueilli, leurs rites sacrés et leurs cérémonies divines

---

(1) L'attention du Gouvernement, sympathique à tout mérite, surtout au mérite modeste, sera utilement attirée, à ce propos, sur le livre des frères Couturier et sur la maîtrise qu'ils dirigent. Les frères Couturier sont des hommes intelligents, ni serviles, ni vulgaires, ce qui est un trait de haute distinction. Leur ouvrage donne une solution éprouvée des questions pratiques dans la direction des maîtrises. Quant à la maîtrise qu'ils ont formée à Langres, elle est, avec celle de Liége, la première de l'Europe.

contribuent, plus qu'on ne saurait dire, au bonheur et à la majesté de la patrie.

Cette noble tâche, Messieurs les Ministres, ne peut être mieux accomplie que par vous, sous un Gouvernement qui fait du bon sens, de la modération et du progrès les traits distinctifs de sa gloire.

Je suis avec un très-profond respect,

MESSIEURS LES MINISTRES,

De Vos Excellences

Le très-humble et très-obéissant serviteur.

JUSTIN FÈVRE.

Chaumont, Imprimerie de C. Cavaniol.

OUVRAGES DE M. L'ABBÉ JUSTIN FÈVRE.

Le Budget du Presbytère, ou considérations sur la condition temporelle du clergé catholique en France, 1 vol. in-8° .... 1 fr. » »

Du gouvernement temporel de la Providence dans ses principes généraux et dans son application aux temps présents, 2 vol. in-12.. 5 fr. » »

Du mystère de la souffrance comme mystère de la vie expliqué par le christianisme, 1 vol. in-12........................... 2 fr. 50

De l'éducation des enfants à la maison paternelle, in-18. 1 fr. » »

Histoire de Louze, 1 vol. in-12...................... 1 fr. » »

Le Tabac, opuscule de propagande...................... » fr. 25

Vie intime et travaux littéraires de Mgr Darboy, archevêque de Paris, in-8°... 1 fr. » »

De la restauration des études philosophiques, lettre à M. Duruy, ministre de l'instruction publique, in-8°................... » fr. 50

La Légitimité de la IVᵉ Dynastie, suivie d'un appendice intitulé : *Les Etrennes de l'Impératrice*............................. 1 fr. » ».

La Mission de la Bourgeoisie dans la société française, avec un appendice sur la mission des autres classes de la société, 1 vol. in-12.

N. B. Les trois premiers ouvrages se trouvent chez BORDES, à Nancy ; les deux suivants chez V. PALMÉ ; le *Tabac*, chez TOLRA, et les autres chez DOUNIOL, libraires à Paris.

CHAUMONT, TYPOGRAPHIE DE CHARLES CAVANIOL.